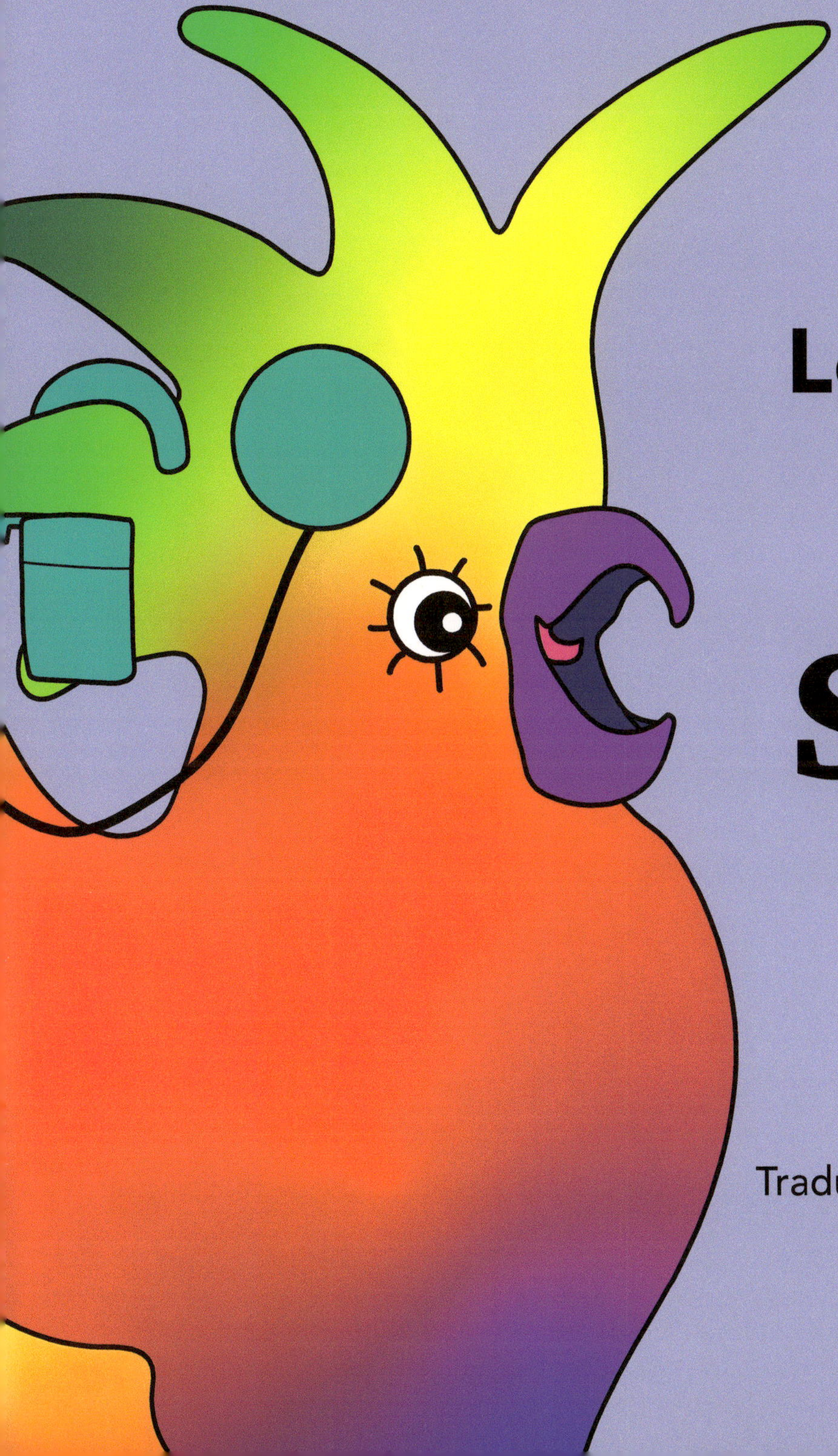

L'oiseau Louis Louis: QUI SUIS-JE?

Tanya Saunders

Traduit par Dominique Guillou

AVID Language

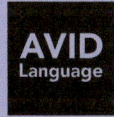

Suis-je une **colombe** qui dit coucourou coucourou ?

Noooooooon!

Tu n'es *pas* une colombe
qui dit **coucourou coucourou**.

cou
cou
rou

Suis-je un **chouca** qui chante **caon caon** ?

Noooooooon!

Tu n'es *pas* un chouca
qui chante **caon caon.**

Suis-je un **toucan** qui dit **kri kri kri** ?

Noooooooon!

Tu n'es *pas* un toucan qui dit kri kri kri.

kri kri kri

Suis-je un **pivert** qui fait **tac tac tac ?**

Noooooooon!

Tu n'es *pas* un pivert
qui fait **tac tac tac.**

Suis-je une **autruche** qui

fait la course ~

cours

cours

cours ?

Noooooooon!

Tu n'es *pas* une autruche
qui fait la course ~
cours cours cours.

Suis-je un **cygne** qui nage ~

nage

nage

nage ?

Nooooooooon!

Tu n'es *pas* un cygne
qui nage ~ **nage nage nage.**

Suis-je un **perroquet** qui dit **copie-moi copie-moi** ?

Noooooooon!

**Tu n'es *pas* un perroquet
qui dit *copie-moi copie-moi*.**

Suis-je un **paon** qui braille

**pao-lle
pao-lle?**

Noooooooon!

Tu n'es *pas* un paon
qui braille **pao-lle pao-lle.**

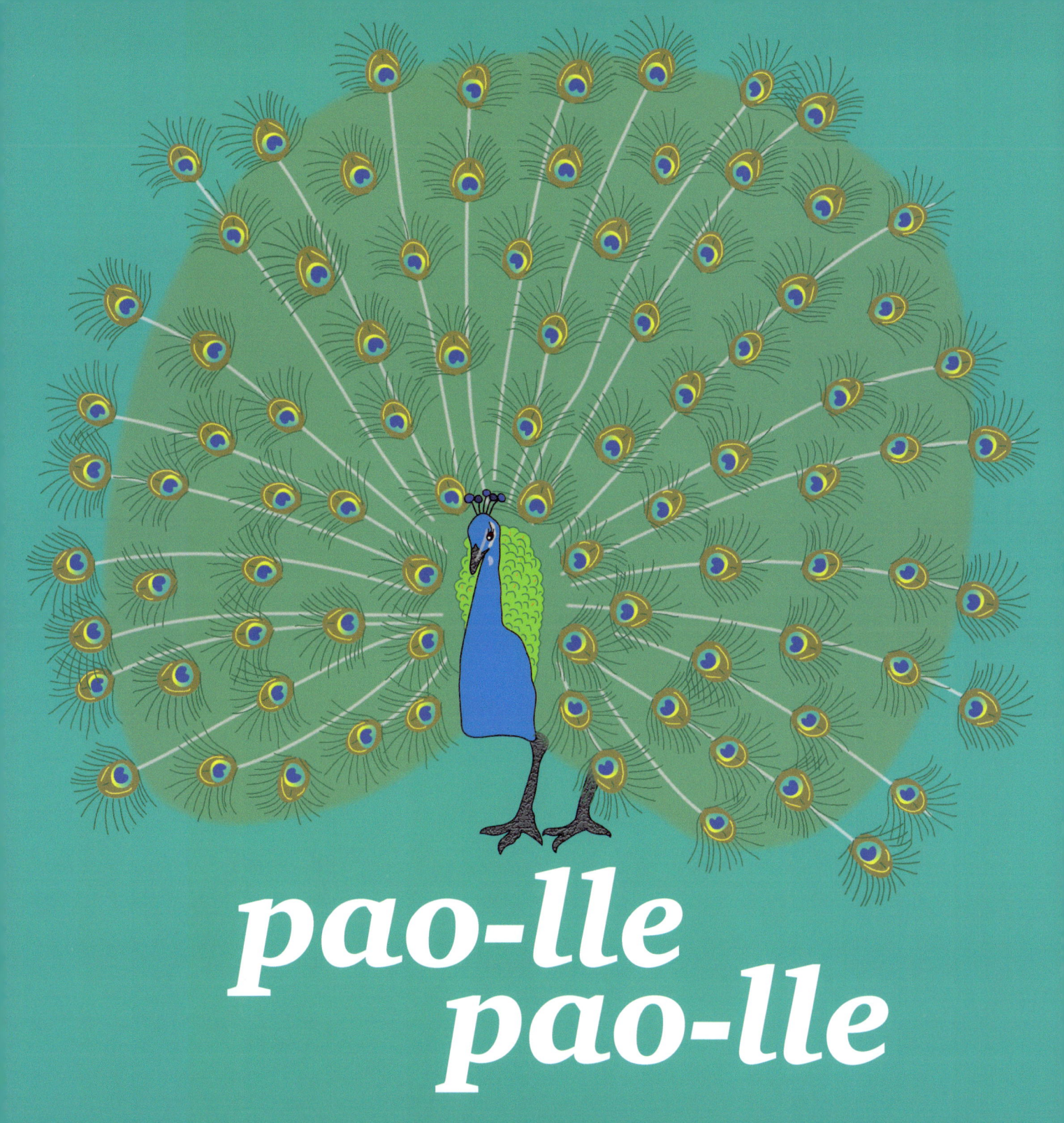

Mais, alors

QUI suis-je ?

notre ami qui aime
chanter !

Avez-vous vu cet autre livre L'oiseau Louis Louis pour les jeunes apprenants ?

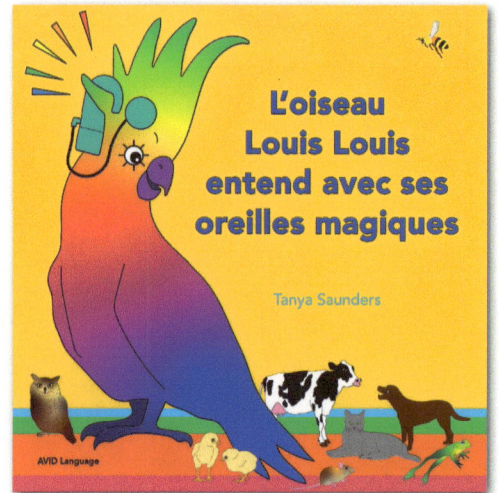

L'oiseau Louis Louis porte des implants cochléaires. Rejoignez-le alors qu'il explore la merveille du son tout autour de lui. Ecoutez ce qu'il entend avec ses superbes oreilles magiques !

Des illustrations de couleurs vives et un apprentissage amusant d'écoute de sons associés à une histoire simple créée spécialement pour un jeune public qui commence son aventure du langage.

www.avidlanguage.com/livres-en-francais

A propos de l'auteure et de l'illustratrice

Tanya Saunders est la mère de jumelles dont l'une est sourde et porte des implants cochléaires qu'elle appelle "mes oreilles magiques" car elles l'aident à entendre (sans ses implants elle ne peut rien entendre).
Tanya a fondé **AVID Language** pour publier des livres pour les familles avec (ou sans) une surdité: des histoires amusantes et représentantes qui supportent le développement du langage mettant en vedette des personnages sourds et ambitieux. Son but est également de sensibiliser le public.

L'oiseau Louis Louis: Qui suis-je ?
Published by AVID Language Limited, 3 Cam Drive, Ely, CB6 2WH, UK
First published in English in 2024 as "Ling Ling Bird: Who Am I?"

ISBN:
978-1-913968-77-9

Text & Illustrations © Tanya Saunders 2024
Translated into French by Dominique Guillou
All rights reserved.

Inclusive books for families with (and without) hearing loss

www.avidlanguage.com

www.ingramcontent.com/pod-product-compliance
Lightning Source LLC
Chambersburg PA
CBHW041117070526
44584CB00002B/202